Inhalt

Strategische Budgetierung

Kernthesen

Beitrag

Fallbeispiele

Weiterführende Literatur

Impressum

Strategische Budgetierung

M. Westphal

Kernthesen

- Die Globalisierung und gestiegene Veränderungsgeschwindigkeit der Märkte benötigt eine entsprechende Datengrundlage zur Beurteilung der Situation.
- Strategische Ziele können nicht mit klassischer Budgetierung gelenkt werden.
- Es gibt verschiedene Ansätze wie strategische Budgetierung strukturiert wird und welche Tools sie verknüpft.
- Auch der kommunale Bereich muss sein Controlling den veränderten Anforderungen anpassen.

Beitrag

Die Globalisierung und gestiegene Veränderungsgeschwindigkeit der Märkte benötigt eine entsprechende Datengrundlage zur Beurteilung der Situation

Die gestiegene Veränderungsgeschwindigkeit auf den Märkten im globalen Wettbewerb verlangt ein ständiges Überdenken und Weiterentwickeln von Strategie und Struktur der Unternehmen. (1)
Es rückt daher bei der strategischen Steuerung von Unternehmen ein gezieltes Monitoring der Faktoren in den Vordergrund, die in globalen Märkten zu beachten sind. Ebenso hat die Globalisierung kurz- und mittelfristigen Einfluss auf Führung, Organisation und Controlling der Unternehmen und rückt somit immer stärker in den Fokus der Managementpraxis und Managementwissenschaft. (1)
In Zukunft kann es nicht nur darum gehen, für ein Unternehmen die globale kostenoptimale Verteilung von Service- und Produktionsstandorten zu bestimmen. Die Zukunft ist nicht allein mit

Kostenführerschaft zu gewinnen, denn manche Schwellenländer können in diesem Faktor locker gleichziehen oder gar überholen. Es ist vielmehr zu analysieren, welcher neue Wettbewerb durch die Globalisierung entsteht und mit welcher Strategie darauf zu antworten ist.

Diese Strategie basiert auf überlegenem Wissen und Größenvorteilen, sowie auf dem Vorsprung durch Könnerschaft und auf der geringen Angreifbarkeit von tief in Prozessen und Personen verankerten Kompetenzen sowie der Fähigkeit zu kooperativen Systemlösungen. (1)

Das schafft aber auch neue Herausforderungen für die zahlenmäßige Abbildung und Steuerung des Unternehmensgeschehens. Eine aussagefähige Datengrundlage und der Rückgriff auf entsprechende Vergleiche ist für die Beurteilung und Steuerung des Erfolgs im globalen Wettbewerb unabdingbar. (1)

Strategische Ziele können nicht mit klassischer Budgetierung gelenkt werden

Budgets haben eine lange Tradition und entstammen ursprünglich der öffentlichen Haushaltswirtschaft.

Sie stellen geplante Ausgaben den Einnahmen gegenüber. Die geordnete Gesamtheit sämtlicher aufeinander abgestimmter Budgets eines Unternehmens bildet das Budgetsystem, welches sowohl strategische als auch operative Budgets enthalten kann. (2)
Allerdings birgt insbesondere die operative Budgetierung, die in vielen Unternehmen als planerisches Mittel im Vordergrund steht, Schwachstellen, da sie häufig nur Fortschreibungen der Vorjahre darstellt und damit das Ziel der Bereitstellung von Daten als Entscheidungsgrundlage verfehlt. Darüber hinaus bildet sie meist nicht die Werttreiber des Unternehmens ab und fördert somit eher die kurzfristige Zielausrichtung und das kurzfristige Erfolgsdenken. So schafft die Kopplung mit Zielvereinbarungen oft nur eine Priorisierung der Zahlenerreichung im Vergleich zur Wertgenerierung. Das führt zu dem Schluss, dass die traditionelle Budgetierung alleine ungeeignet ist, unternehmensweite strategische Ziele adäquat mit finanziellen Größen zu hinterlegen, da sie inkrementelles Abteilungs- und Ressortdenken fördert. (2)
Die erfolgreiche auf die Zukunft ausgerichtete Unternehmensführung muss im Rahmen der Entscheidungsfindung immer stärker wirtschaftliche, rechtliche und wettbewerbsrelevante Rahmenbedingungen berücksichtigen. Darüber

hinaus verändern sich die Einflüsse in immer rasanter werdendem Tempo. (3)
Damit steigt für ein Unternehmen die Bedeutung der Schaffung von Strukturen, die eine regelmäßige Beobachtung des Umfelds gewährleisten und die verschiedenen Szenarien bei den Prozessen berücksichtigen. Zu beachten ist, dass jede Managemententscheidung nur so gut ist, wie die Information, auf der sie basiert. In den unübersichtlich gewordenen Märkten ist es schwer geworden, strategisch zu planen. (3)
Gerade innovative Strategien können im Zusammenhang mit erhöhtem Wettbewerbsdruck und kürzeren Produktzyklen an Bedeutung gewinnen, eine nachhaltige Wertsteigerung von Unternehmen zu gewährleisten. Innovative Strategien beinhalten aber neben einem hohen Chancenpotenzial auch hohe Risikopotenziale für ein Unternehmen, da sie auf einer Vielzahl gegenwartsbezogener Prämissen beruhen. So wird im Prozess der strategischen Führung ein flexibilitätsorientiertes Denken gefordert, das letztendlich in einer Entwicklung und Bewertung von Strategie-Optionen mündet. (4)

Es gibt verschiedene Ansätze wie strategische Budgetierung

strukturiert und welche Tools sie verknüpft

In der Literatur schlagen daher zahlreiche Autoren den Einsatz strategischer Budgets vor, welche Pläne darstellen zur Sicherstellung der langfristigen Überlebensfähigkeit des Unternehmens. Sie stellen für jeden Verantwortungsbereich langfristige Kosten und Erlöse von externen Erfolgspotenzialen bspw. Marktchancen und internen Fähigkeitspotenzialen bspw. Technologie-Knowhow gegenüber. (2)
Die strategische Budgetierung sieht sich insbesondere in turbulenten Unternehmensumfeldern neuen Herausforderungen gegenüber. (2)

Als Lösung für das Problemfeld "Strategische Budgetierung" werden zahlreiche Ansätze und Konzepte vorgeschlagen wie:
- Kooperative Budgetierung (Gegenstromverfahren)
- Budgetsimulation (anstelle von Trial-and-Error-Verfahren)
- Flexibilisierung von Budgets (Aufbau von Puffern "budgetary slacks")
- Better Budgeting (Verschlankung und Beschleunigung der Budgetierung)
- Beyond Budgeting (Ersatz der Budgetierung durch moderne Management Instrumente, s. a. Knowledge Summary: Beyond Budgeting) (2)

Auch eine Operationalisierung der Strategie, z. B. mit Balanced Scorecards, führt zu strategischen Programmen und operativen Maßnahmen, welche in geeigneter Form zu budgetieren sind. (4)

Unter dem Begriff Strategische Steuerung, wird die Umsetzung von Strategien und die Kontrolle des Umsetzungserfolgs verstanden. (5) Die Frage ist, welche Rolle die Budgetierung in diesem Zusammenhang einnimmt. Unterstützt sie den Strategieprozess oder ist sie eher hinderlich wie Protagonisten des Beyond Budgeting meinen? Oder ist sie nur ein unwesentliches Anhängsel zur Balanced Scorecard? (5)
Gerade die Balanced Scorecard wird als das einzig wahre Mittel zur strategischen Steuerung verstanden. Budgets als Führungs- und Steuerungsinstrument wirken dagegen überholt oder gar kontraproduktiv. Die strategische Planung beschäftigt sich stärker mit grundlegenden, weniger detaillierteren Fragen und Problemen, während die operative Planung auf die kurzfristige Optimierung der Wirtschaftlichkeit bei gegebener Ressourcenausstattung fokussiert ist. (5)
Umsetzungsprobleme, die sich aus der Transformation der langfristigen in kurzfristige Ziele ergeben können, sollen mit Hilfe der Balanced Scorecard gelöst werden. Die strategischen Ziele werden über mehrere Stufen schrittweise konkretisiert. (5)

Die Visualisierung der verschiedenen Zielkomponenten /-perspektiven der Balanced Scorecard sowie der zugrunde liegenden Zusammenhänge werden im Rahmen einer weiteren Komponente, den sogenannten Strategy Maps (Strategiekarte) dargestellt. (6)
Eine Strategy Map stellt kein durchgängiges Simulationsmodell mit quantifizierbaren Zielbeziehungen dar. Soll eine kontinuierliche Rechenbarkeit bei einzelnen Zielbeziehungen angestrebt werden, so ist ein Prämissenkatalog sowie eine kontinuierliche Prämissenkontrolle unabdingbar. (6) So verknüpfen viele Unternehmen die einzelnen strategischen Ziele aus der Strategy Map mit den Elementen von Werttreiber-Bäumen, welche die Auswirkungen auf den Unternehmenswert analysieren. (6)

Die Gestaltung von effektiven Strategieprozessen einschließlich der Durchgängigkeit von der Strategie zu den kurzfristig operativen Prozessen der Budgetierung und individuellen Zielvereinbarungen, hat sich vor dem Hintergrund der Wettbewerbsdynamik und der sinkenden Halbwertzeiten von Strategien zu einem wesentlichen Wettbewerbsfaktor entwickelt. (6)

Für die Verankerung und das Controlling der

Strategierealisierung ist eine Strategy Map alleine nicht ausreichend. Die strategischen Ziele sind mit Messgrößen, den Ist- und Zielwerten (Balanced Scorecard) sowie den strategischen Aktionen zu hinterlegen, um jederzeit den Status der Strategieumsetzung bestimmen zu können. Damit ist die Grundlage für das kontinuierliche Strategiecontrolling geschaffen. (6)
Neben einem systematischen und institutionalisierten Aktionscontrolling ist auch ein professionelles Multiprojekt-Management erforderlich. (6)
Hierbei kann Competitive Intelligence (CI) helfen, eine Management-Disziplin, welche weit vorausschauende Prognosen über die Auswirkung verschiedener Kriterien auf die Wettbewerbsfähigkeit des Unternehmens erstellt.
CI dient als Grundlage für die strategische und operative Unternehmensplanung und führung. Sie sammelt und übersetzt Informationen über Unternehmen, Industrien und Märkte in anwendbares Wissen über Positionierung, Leistungsfähigkeit und Absichten von Marktteilnehmern. (3)

Auch der kommunale Bereich

muss sein Controlling den veränderten Anforderungen anpassen

Im kommunalpolitischen Bereich herrscht häufig noch eine "organisierte Unverantwortlichkeit" vor, so dass Entscheidungen nicht selten hastig, ressortpolitisch und ohne Berücksichtigung von Umweltentwicklungen getroffen werden. So eignet sich die Wortkreation "Nachhaltigkeitskommune" als Weichenstellung hin zu mehr auf Langfristigkeit ausgerichteter Kontrolle, flankiert von einem "Nachhaltigkeitscontrolling". (7)

Die bisherige Organisation des Politik- und Verwaltungssystems reicht nicht aus, um Fragen sinnvoll zu beantworten und meistens nicht einmal, um sinnvolle Fragen zu stellen. (8)

Häufig funktioniert in Politik und Verwaltung die Mittelverwendung noch nach dem Prinzip: "Viel hilft viel." Und reines Ausgeben von Geld ist häufig schon identisch mit Erfolgsmessung. Aber auch die Kommunen müssen ihre Maßnahmen auf strategisch langfristig orientierte optimale Mittelverwendung hin ausrichten, wozu es eines finanz- und fachpolitischen Controllingverfahrens bedarf. (8)
Verwaltungen geben solange Geld aus, bis es alle ist,

wenn das Gesetz es vorschreibt, sogar länger. Eine Erfolgsmessung bzw. Messung der Wirkung gab es bislang nicht.

Künftig sollen z. B. in Berlin zunächst Ziele definiert werden, die dann auf effizienteste Umsetzung hin analysiert werden. (8)

Im Gegensatz zu Industrieunternehmen, wo jeder sofort weiß, wieviel die kleine Blinker-Birne im Golf kostet, ist die Frage, warum bestimmte Entwicklungen stattfinden und wie viel eine Gesamtmaßnahme kostet bzw. nutzt kaum beantwortbar.

Politiker versuchen intuitiv, Probleme auf eine Detailebene zu manövrieren, anstelle von der Verwaltung strategische Zusammenhänge zu fordern und damit echte Führungsinformationen zu erhalten. (8)

Fallbeispiele

Hannover ist künftig in der Lage, sowohl nach dem kameralistischen System als auch nach dem doppischen zu buchen. Somit gewinnt die Stadt genügend Zeit, sich auf die neuen Buchungsabläufe einzustellen. Denn sämtliche Kommunen in

Deutschland müssen bis 2010 ihr Rechnungswesen von der Kameralistik, das bisher traditionelle Buchungsverfahren der öffentlichen Verwaltung, auf die Doppik umstellen. Im Rahmen der Kameralistik beschränkt sich die Aussagekraft auf den Nachweis von Einnahmen und Ausgaben. So wird einzig der Geldverbrauch erfasst, nicht aber der Ressourcenverbrauch. Im Gegensatz dazu hält das kaufmännische System der doppelten Buchführung (Doppik) lückenlos alle Geschäftsvorfälle fest. So gewinnen die Kommunen einen Überblick über die aktuelle Vermögenslage sowie die Schulden, da in der Doppik Einnahmen und Ausgaben auf zwei verschiedenen Konten verbucht werden. So lassen sich, im Gegensatz zur Kameralistik auch leichter Effizienzanalysen mithilfe einer Gewinn- und Verlustrechnung erstellen und es wird zusätzlich auch der in der Kameralistik nicht berücksichtigte Werteverzehr erfasst. (9)

Competitive Intelligence (CI), frei übersetzt auch "Intelligente Wettbewerbsforschung", wird von Instituten und Forschungsstätten schon intensiv bearbeitet. Die meisten Unternehmen aber haben noch Probleme bei der Einrichtung einer solchen Stabsstelle. So möchte aber 3M Espe, eine auf Medizintechnik spezialisierte Tochter des Globalplayers 3M bis zum Jahresende eine CI-Abteilung schaffen. (3)

Die Media-Saturn-Gruppe ist unter Einschluss finanzieller Zielvorgaben, also Budgets, zu einer erfolgreichen Strategieumsetzung gelangt.
Die Zahl der Fachmärkte hat sich seit 1990 vervierfacht. Die aggressive Wachstumsstrategie wurde offensichtlich sehr erfolgreich umgesetzt.
Im Rahmen der Strategie gab es folgende Kernelemente:
- Die Schnelllebigkeit und Saisonalität im Handel lässt das wettbewerbskritische Wissen in den lokalen Fachmärkten verankert. (5)
- Jeder Fachmarkt ist eine rechtlich selbstständige Einheit mit einem eigenen Geschäftsführer. Dieser muss einen Geschäftsanteil in Höhe von zehn Prozent erwerben und profitiert sowohl am Bilanzgewinn als auch am Veräußerungserlös seines Geschäftsanteils bei Veräußerung an den nächsten Geschäftsführer.
- Von Seiten der Unternehmenszentrale werden sowohl Einzelabschlüsse zur Ermittlung des Bilanzgewinns als auch laufende Analysen zur Unterstützung und Detailsteuerung der Fachmärkte erstellt.
- Daten wie Umsatz, EBIT etc. stellen die wesentlichen Planungs- und Kontrolldaten dar. Darüber hinaus werden unterjährig eine Vielzahl von Vergleichen zwischen den Fachmärkten und zwischen diesen und der Konkurrenz bzw. der Gesamtmarktentwicklung erstellt.

Haupterfolgsfaktoren sind neben der Dezentralisierung von Verantwortung im Sinne von "Mit-Unternehmertum" die Budgetziele und die an ihre Erreichung geknüpften variablen Vergütungen. (5)

Ein in Berlin durchgeführtes Programm zur Schaffung von Arbeitsplätzen war nicht in seiner Gänze ein Problem. Es waren die einzelnen Maßnahmen. So hat der Baustein "Lohnkostenzuschüsse" 87 Prozent der erfolgreichen Vermittlungen geschaffen, aber nur 19 Prozent des Budgets verbraucht. Hingegen haben die Festkostenzuschüsse für Sozialhilfeempfänger mit 41 Prozent der Kosten zu Buche geschlagen, aber nur 3 Prozent zum Erfolg beigetragen. (8)

Weiterführende Literatur

(1) Unternehmenserfolg im Wettbewerb
aus Frankfurter Allgemeine Zeitung, 30.08.2004, Nr. 201, S. 24

(2) Schön, Michael, Strategische Budgetierung, Controlling, Heft 8-9/2004, S. 517-518
aus Frankfurter Allgemeine Zeitung, 30.08.2004, Nr. 201, S. 24

(3) Heute wissen, was morgen zählt
aus acquisa, Vol. 52, Heft 8/2004, S. 64-65

(4) Lattwein, Johannes; Servatius, Hans-Gerd, Flexibilitätsorientierte Entwicklung und Bewertung von Strategie-Optionen, Controlling, Heft 8-9/2004, S. 481-488
aus acquisa, Vol. 52, Heft 8/2004, S. 64-65

(5) Rieg, Robert, Strategische Steuerung und Budgetierung Notwendigkeit oder Widerspruch? Controlling, Heft 8-9/2004, S. 473-479
aus acquisa, Vol. 52, Heft 8/2004, S. 64-65

(6) Gaiser, Bernd; Wunder, Thomas, Strategy Maps und Strategieprozess Einsatzmöglichkeiten, Nutzen, Erfahrungen, Controlling, Heft 8-9/2004, S. 457-466
aus acquisa, Vol. 52, Heft 8/2004, S. 64-65

(7) Krise als produktiver Zustand
aus Frankfurter Allgemeine Zeitung, 23.08.2004, Nr. 195, S. 12

(8) Berliner Benchmarking
aus Manager Magazin, 23.07.2004, Nr. 8, Seite 96

(9) Doppik und Kameralistik parallel nutzen Hannover wählt den fließenden Übergang
aus Government Computing, Heft 09/2004, S. 19

Impressum

Strategische Budgetierung

Bibliografische Information der deutschen Nationalbibliothek

Die Deutsche Nationalbibliothek verzeichnet diese Publikation in der deutschen Nationalbibliografie; detaillierte bibliografische Daten sind im Internet über http://dnb.d-nb.de abrufbar.

ISBN: 978-3-7379-0015-7

© 2015 GBI-Genios Deutsche Wirtschaftsdatenbank GmbH, Freischützstraße 96, 81927 München, www.genios.de

Alle Rechte vorbehalten. Dieses Werk ist einschließlich aller seiner Teile – z.B. Texte, Tabellen und Grafiken - urheberrechtlich geschützt. Jede Verwertung außerhalb der Grenzen des Urheberrechtsgesetzes bedarf der vorherigen Zustimmung des Verlags. Dies gilt insbesondere auch für auszugsweise Nachdrucke, fotomechanische Vervielfältigungen (Fotokopie/Mikroskopie), Übersetzungen, Auswertungen durch Datenbanken oder ähnliche Einrichtungen und die Einspeicherung und Verarbeitung in elektronischen Systemen.